Oetinger

James Krüss (1926–1997), geboren und aufgewachsen auf der Insel Helgoland, ist einer der bekanntesten deutschen Kinder- und Jugendbuchautoren. Seine Bücher wurden in mehr als 30 Sprachen übersetzt und sind weltweit erfolgreich. »Timm Thaler oder Das verkaufte Lachen« zählt inzwischen zu den Klassikern der Kinderliteratur. Für »Mein Urgroßvater und ich« erhielt er den Deutschen Jugendliteraturpreis und für sein Gesamtwerk den Hans-Christian-Andersen-Preis, die höchste internationale Auszeichnung für Kinder- und Jugendliteratur.

James Krüss

Die schönsten Gedichte

Verlag Friedrich Oetinger · Hamburg

FSC
www.fsc.org
MIX
Papier | Fördert gute Waldnutzung
FSC® C002795

2. Auflage

Max-Brauer-Allee 34, 22765 Hamburg

Diese Ausgabe ist ursprünglich erschienen in:
Oetinger Taschenbuch in der Verlag Friedrich Oetinger GmbH
Der Inhalt dieses Buches erschien erstmals in dieser Zusammenstellung und mit diesen Illustrationen im Verlag Friedrich Oetinger, Hamburg, in der Reihe Laterne, Laterne unter den Einzeltiteln Die kleinen Pferde heißen Fohlen (2001), Die Maus Kathrein (2000) und Die Weihnachtsmaus (1998)

Druck und Bindung: Livonia Print SIA,
Jūrkalnes iela 15/25, LV-1046 Riga, Lettland
*Printed 2025/2
ISBN 978-3-7512-0269-5

www.oetinger.de
www.jameskruess.de

Inhaltsverzeichnis

Die kleinen Pferde heißen Fohlen

Die kleinen Pferde heißen Fohlen.
Sie haben Streichholzbeine und
sie stehen mit den Fohlen-Sohlen
ein wenig wacklig auf dem Grund.

Sehr hoch gebaut und knickebeinig
schwanken sie bang durchs grüne Gras.
Sie sind sich selber noch nicht einig,
ob Gehen Angst macht oder Spaß.

Doch manches Mal – das ist sehr reizend –
kannst du auf einer Wiese sehn,
wie sie, die Vorderbeine spreizend,
den Fohlenhals nach oben drehn.

Dann trinken sie die Milch der Stute.
Und bei dem Trinken stehen sie
zum ersten Mal – das ist das Gute –
so fest wie nie.

Das dankbare Giraffenkind

Weißt du, warum ein Giraffenkind
dankbarer ist für Mutters Kuss
als zum Beispiel ein Affenkind
oder das Kind vom Rhinozeros?
Weißt du, warum?
Weil Mutter Giraffe den Kopf beim Kuss
sieben Meter hinabbeugen muss!
Drum.

Kleine Katzen

Kleine Katzen sind so drollig
und so wollig und so mollig,
dass man sie am liebsten küsst.
Aber auch die kleinen Katzen
haben Tatzen, welche kratzen.
Also Vorsicht! Dass ihr's wisst!

Kleine Katzen wollen tollen
und die Wolleknäuel rollen.
Das sieht sehr possierlich aus.
Doch die kleinen Katzen wollen
bei dem Tollen und dem Rollen
fangen lernen eine Maus.

Kleine Katzen sind so niedlich
und so friedlich und gemütlich.
Aber schaut sie richtig an:
Jedes Sätzchen auf den Tätzchen
hilft, dass aus den süßen Kätzchen
mal ein Raubtier werden kann.

Affenschule

Ein Affenfelsen, irgendwo,
ein Fels und eine Kuhle,
zum Beispiel hier bei uns im Zoo,
ist auch die Affenschule.

Dort lernt ein jedes Affenkind,
sich richtig zu verhalten.
Es lernt dort früh, was Flöhe sind
und Demut vor den Alten.

Affenschule
3,1,4

Es lernt, wie man die Schaukel packt,
es lernt, wie man am besten
die Läuse und die Nüsse knackt
und wie man turnt an Ästen.

Es lernt, dass es nicht wichtig ist,
wenn Menschenaugen gaffen,
und dass Gehorsam richtig ist
vor einem Oberaffen.

Es lernt, wie man Bananen schält,
es lernt von seiner Mutter,
dass man zum Scherz nie Menschen quält;
denn Menschen bringen Futter.

Willst du ein rechter Affe sein,
dann brauchst du keine Schule.
Du brauchst in unsrem Zoo allein
den Felsen und die Kuhle.

Ein kleiner Schwan

Ein kleiner Schwan
ist auch ein Schwan.
Doch sieht das nicht ein jeder.
Er scheint uns fremd
und ungekämmt,
und dunkel ist die Feder.

Doch weiß Frau Schwan
von Anfang schon:
Der Plustrian,
das ist mein Sohn!

Wie gut, dass sie sich niemals irrt
und weiß, dass hier
aus diesem Tier
ein Schwan
ganz wie sie selber wird.

Kleine Hunde

Manchmal zeigen Hundejungen
oder -mädchen ohne Scham
uns ganz einfach ihre Zungen.
Wie infam!

Die sind frech, wird mancher denken.
Aber nein:
Dieses Hundezungenschwenken
muss so sein!

Alle Hunde
in der Runde
schwitzen, wenn es heiß ist, sehr.
Aber hängen diese Hunde
ihre Zunge aus dem Munde,
schwitzen sie weit weniger.

Hundemädchen oder -jungen
schwitzen einfach durch die Zungen.
Hunden steht das zu Gesicht;
denn die alten tun's nicht minder
als die kleinen Hundekinder.
Also bitte, scheltet nicht!

Wer erzieht den kleinen Elefanten?

Wer erzieht den kleinen Elefanten?
Nicht der Vater, sondern nur die Tanten.
Überall begleiten sie den Kleinen
auf den Elefanten-Tanten-Beinen.

Wenn Gefahr naht, stellen sie sich weise –
Kopf nach innen – um ihn her im Kreise,
sodass Feinde im Vorübergehen
nur die Elefanten-Tanten-Hintern sehen.

Dadurch kommt es, dass ein Elefantenkind,
wenn es groß ist und schon laut trompetet,
schutzbedürftig bleibt und leicht errötet
und empfindlich ist, wie alte Tanten sind.

Hundertzwei Gespensterchen

Hundertzwei Gespensterchen
saßen irgendwo
hinter meinem Fensterchen.
Da erschrak ich so.

Hundertzwei Gespensterchen
waren sehr vertrackt:
An mein Kammerfensterchen
klopften sie im Takt.

Hundertzwei Gespensterchen
haben mich erschreckt.
Weit entfernt vom Fensterchen
hab ich mich versteckt.

Hundertzwei Gespensterchen
waren plötzlich fort.
Schlich mich schnell zum Fensterchen,
fand sie nicht mehr dort.

Hundertzwei Gespensterchen,
denkt euch, wie famos,
waren an dem Fensterchen
Regentropfen bloß.

Die Maus Kathrein

Ich kenne eine Maus.
Die Maus, die hat ein Haus.
Ihr fragt, wie mag das Häuschen sein?
Das Haus der Maus ist klein.

Ihr fragt mich, welche Maus
wohnt in dem Mausehaus?
Es ist die Maus Kathrein.
Das Haus der Maus
Kathrein ist klein.

Ihr fragt mich nun, woraus
ist dieses Mausehaus?
Das Häuschen ist aus Stein.
Das Haus aus Stein
der Maus Kathrein ist klein.

Ihr fragt, wie klein es sei?
Noch kleiner als ein Ei!
Das Haus aus Stein
der Maus Kathrein
ist winzig klein.

Ihr zweifelt wohl daran?
Dann schaut's euch selber an!
Das Haus aus Stein
der Maus Kathrein
ist wirklich winzig klein.

Ihr fragt mich, wo es steht?
Dort, wo kein Weg hingeht!
Es steht am Wiesenrain.
Das Haus aus Stein
der Maus Kathrein
am Wiesenrain
ist wirklich winzig klein.

Ihr fragt mich sehr empört,
ob ihr die Wies' gehört?
Nein, liebe Kinder, nein,
sie ist vom Bauern Hein.
Das Haus aus Stein
der Maus Kathrein
am Wiesenrain
des Bauern Hein
ist wirklich winzig klein.

Ihr fragt mich nun sehr schlau,
wo liegt das Haus genau?
Kurz hinterm Kilometerstein
sechs Komma sieben neun.
Das Haus aus Stein
der Maus Kathrein
am Wiesenrain
des Bauern Hein
kurz hinterm Kilometerstein
sechs Komma sieben neun
ist wirklich winzig klein.

Maus Kathrei
WAR HIER
GRUSS VON
MAUS THEO

Ihr fragt, wie sieht das Häuschen aus?
Es ist ein kugelrundes Haus.
Das kugelrunde Haus aus Stein
der Maus Kathrein
am Wiesenrain
des Bauern Hein
kurz hinterm Kilometerstein
sechs Komma sieben neun
ist wirklich winzig klein.

Ihr fragt, wie sieht das Mäuschen aus?
So kugelrund als wie das Haus!
Das kugelrunde Haus aus Stein
der kugelrunden Maus Kathrein
am Wiesenrain
des Bauern Hein
kurz hinterm Kilometerstein
sechs Komma sieben neun
ist wirklich winzig klein.

Ihr fragt, ob ihr das Häuschen seht?
Gewiss, da ist grad frisch gemäht.
Das kugelrunde Haus aus Stein
der kugelrunden Maus Kathrein
am frisch gemähten Wiesenrain
des Bauern Hein
kurz hinterm Kilometerstein
sechs Komma sieben neun
ist wirklich winzig klein.

Ihr fragt, wer mähte dort so fein?
Der kugelrunde Bauer Hein!
Das kugelrunde Haus aus Stein
der kugelrunden Maus Kathrein
am frisch gemähten Wiesenrain
des kugelrunden Bauern Hein
kurz hinterm Kilometerstein
sechs Komma sieben neun
ist wirklich winzig klein.

Jetzt geht mit mir hinaus!
Da seht, da steht das Haus!
Jetzt, Kinder, werdet ihr gefragt,
was ihr zu diesem Häuschen sagt.
’s ist wirklich winzig klein,
das kugelrunde Haus aus Stein
der kugelrunden Maus Kathrein
am frisch gemähten Wiesenrain
des kugelrunden Bauern Hein
kurz hinterm Kilometerstein
sechs Komma sieben neun.

Das Hexen-Rückwärts-Einmaleins

Zehn mal eins ist zehen.
Nimm frischen Saft von Schlehen.

Neun mal eins ist neun.
Misch Läuseblut hinein.

Acht mal eins ist acht.
Nun gar den Saft bei Nacht.

Sieben mal eins ist sieben.
Mondstein hineingerieben.

Sechs mal eins ist sechs.
Ruf dreimal: »Alte Hex!«

Fünf mal eins ist fünf.

Nun schrei und fluch und schimpf.

Vier mal eins ist vier.
Den Löffel nimm und rühr.

Drei mal eins ist drei.
Nun koch ihn dick, den Brei.

Zwei mal eins ist zwei.
Nun trinke das Gebräu.

Einmal eins ist eins.
Schluck's runter.
Fieber kriegst du keins.

Der Zauberer Korinthe

Es lebte einst ein Zauberer
Kori, Kora, Korinthe.
Der saß in einem Tintenfass
und zauberte mit Tinte.

Wenn jemand damit Briefe schrieb
und schmi und schma und schmollte,
Dann schrieb er etwas anderes,
als was er schreiben wollte.

Einst schrieb der Kaufmann Steenebarg
aus Bri, aus Bra, aus Bremen
an seinen Sohn in Dänemark:
»Du solltest dich was schämen!«

Doch als der Brief geschrieben war,
mit Schwi, mit Schwa, mit Schwunge,
da stand im Brief: »Mein lieber Sohn,
du bist ein guter Junge.«

Da schmunzelte der Zauberer
Kori, Kora, Korinthe
und schwamm durchs ganze Tintenfass
und trank ein bisschen Tinte.

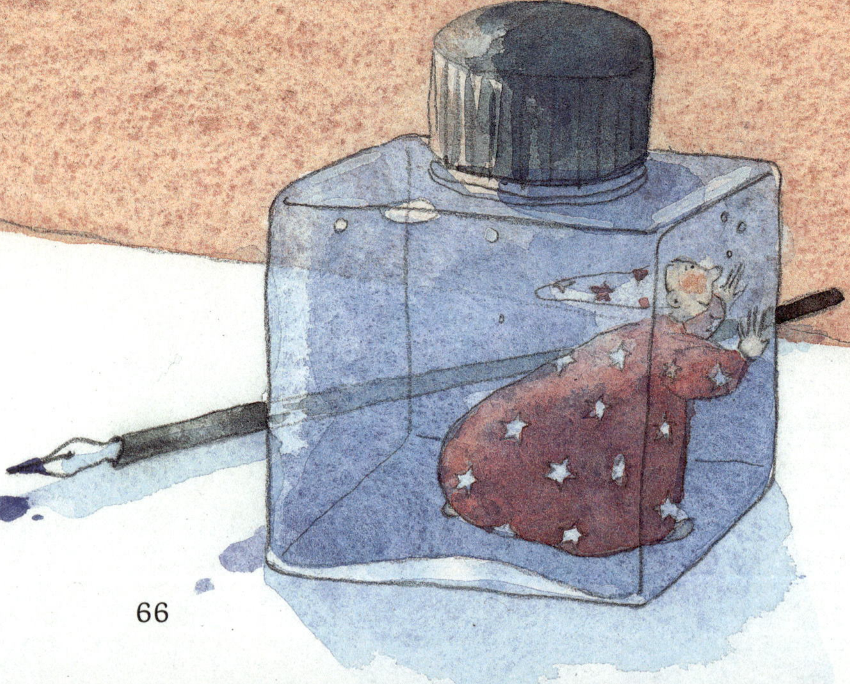

Mein
den
Korinthe

Ein andermal schrieb Archibald,
der Di, der Da, der Dichter:
»Die Rosen haben hierzuland
so zärtliche Gesichter.«

Er hat von Ros- und Lilienhaar
geschrie, geschra, geschrieben.
Doch als das Liedchen fertig war,
da sprach es nur – von Rüben.

Da schmunzelte der Zauberer
Kori, Kora, Korinthe
und schwamm durchs ganze Tintenfass
und trank ein bisschen Tinte.

Einst schrieb der Kaiser Fortunat
mit Si, mit Sa, mit Siegel:
»Der Kerl, der mich verspottet hat,
kommt hinter Schloss und Riegel.«

Doch hinterher, da stand im Brief
vergni, vergna, vergnüglich:
»Der Kerl, der mich verspottet hat,
der dichtet ganz vorzüglich.«

Da schmunzelte der Zauberer
Kori, Kora, Korinthe
und schwamm durchs ganze Tintenfass
und trank ein bisschen Tinte.

Und wenn ihr dies nicht glauben wullt
vom Schri, vom Schra, vom Schreiben,
dann seid ihr schließlich selber schuld
und lasst es eben bleiben.

Schneemannslos

Den weißen Schneemann Fridolin
verlockte ein Plakat,
zum Faschingsfest davonzuziehn
in ein Hotel der Stadt.

Den weißen Schneemann Fridolin
betrachtete man gern,
und alle Welt begrüßte ihn
wie einen richtigen Herrn.

»Die Maske ist ganz meisterlich!«,
so hieß es rings im Kreis.
Man gab dem Schneemann öffentlich
den ersten Maskenpreis.

Den weißen Schneemann Fridolin
erstaunte der Applaus.
Er sagte: »Wie ich heute bin,
so seh ich immer aus.«

Da sagte man dem Fridolin
ganz offen ins Gesicht:
»Dass du ein echter Schneemann bist,
das glauben wir dir nicht.«

Doch plötzlich – wie erstaunte man –
macht's leise: tropf, tropf, tropf.
Es fing sein Bauch zu schmelzen an,
sein Rücken und sein Kopf.

Man fasste ihn, man stützte ihn.
Der Schneemann wurde schlapp.
Der arme Schneemann Fridolin
nahm unaufhörlich ab.

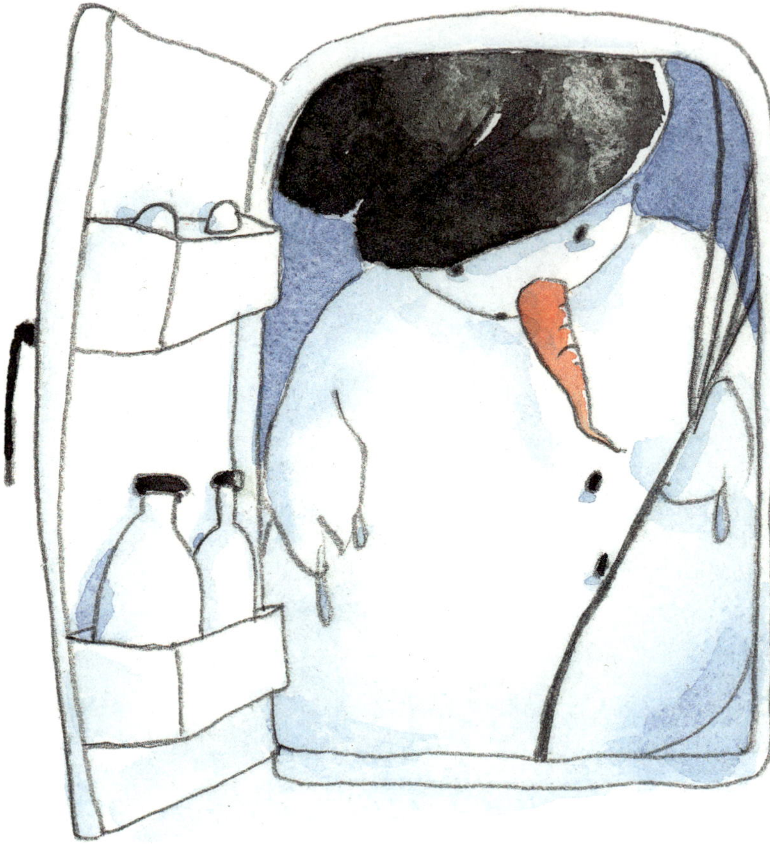

Er stammelte mit müdem Blick:
»Bringt mich ins Hospital.«
Jedoch es stand zu seinem Glück
ein Eisschrank links im Saal.

»Hinein mit ihm! Hinein mit ihm!«,
so brüllte man im Chor,
er ging hinein. Er kam heraus.
Da war er wie zuvor.

Man rief: »Hurra!« Er dankte fein.
Dann sagte er: »Ade.«
Und ließ den Fasching Fasching sein
und stapfte in den Schnee.

Die Weihnachtsmaus

Die Weihnachtsmaus ist sonderbar.
(Sogar für die Gelehrten.)
Denn einmal nur im ganzen Jahr
entdeckt man ihre Fährten.

Mit Fallen oder Rattengift
kann man die Maus nicht fangen.
Sie ist, was diesen Punkt betrifft,
noch nie ins Garn gegangen.

Das ganze Jahr macht diese Maus
den Menschen keine Plage.
Doch plötzlich aus dem Loch heraus
kriecht sie am Weihnachtstage.

Zum Beispiel war vom Festgebäck,
das Mutter gut verborgen,
mit einem Mal das Beste weg
am ersten Weihnachtsmorgen.

Da sagte jeder rundheraus:
»Ich habe nichts genommen!
Es war bestimmt die Weihnachtsmaus,
die über Nacht gekommen.«

Ein andres Mal verschwand sogar
das Marzipan vom Peter,
was seltsam und erstaunlich war,
denn niemand fand es später.

Der Christian rief rundheraus:
»Ich hab es nicht genommen!
Es war bestimmt die Weihnachtsmaus,
die über Nacht gekommen.«

Ein drittes Mal verschwand vom Baum,
an dem die Kugeln hingen,
ein Weihnachtsmann aus Eierschaum
nebst andren leckren Dingen.

Die Nelly sagte rundheraus:
»Ich habe nichts genommen!
Es war bestimmt die Weihnachtsmaus,
die über Nacht gekommen.«

Und Ernst und Hans und der Papa,
die riefen: »Welche Plage,
die böse Maus ist wieder da,
und just am Feiertage.«

Nur Mutter sprach kein Klagewort.
Sie sagte unumwunden:
»Sind erst die Süßigkeiten fort,
ist auch die Maus verschwunden.«

Und wirklich wahr: Die Maus blieb weg,
sobald der Baum geleert war,
sobald das letzte Festgebäck
gegessen und verzehrt war.

Sagt jemand nun, bei ihm zu Haus
– bei Fränzchen oder Lieschen –,
da gäb es keine Weihnachtsmaus,
dann zweifle ich ein bisschen.

Doch sag ich nichts, was jemand kränkt.
Das könnte euch so passen!
Was man von Weihnachtsmäusen denkt,
bleibt jedem überlassen.

Quellenverzeichnis

Der Zauberer Korinthe
Die Maus Kathrein
Aus: James Krüss: Mein Urgroßvater und ich.

Die Weihnachtsmaus

Die kleinen Pferde heißen Fohlen
Kleine Katzen
Affenschule
Ein kleiner Schwan
Kleine Hunde
Wer erzieht den kleinen Elefanten?
Aus: James Krüss: James' Tierleben

Hundertzwei Gespensterchen
Schneemannslos
Aus: James Krüss: Der wohltemperierte Leierkasten

Das dankbare Giraffenkind
Das Hexen-Rückwärts-Einmaleins

1 Chilehaus
2 Meßberghof
3 Sprinkenhof
4 Johann Kontor
5 Deichtorplatz
6 Oberhafenkantine
7 Poggenmühlenbrücke
8 Kaispeicher B
9 Störtebeker-Denkmal
10 Fleetschlösschen
11 Ericusspitze und Ericus-Contor
12 Holländischer Brook
13 HHLA Zentrale
14 Wasserschloss
15 Zollkanal
16 Kornhausbrücke
17 Zippelhaus
18 Oberhafenbrücke
19 Asia-Haus
20 Grimm
21 St. Katharinen
22 Jungfernbrücke
23 Kannengießerort
24 St. Annenufer
25 Kibbelsteg
26 Miniaturwunderland
27 Kesselhaus
28 Spicy's Gewürzmuseum
29 Brooksbrücke
30 Kehrwiederfleet
31 Kehrwiederspitze
32 Elbphilharmonie
33 Körber-Stiftung
34 Niederbaumbrücke
35 Baumwall
36 Kajen
37 Hohe Brücke
38 Nikolaifleet
39 Deichstraße
40 Cremon
41 Reimerstwiete
42 Laeiszhof
43 Globushof
44 Patriotische Gesellschaft
45 Afrikahaus
46 Hammaburg-Platz
47 Miramar-Haus
48 Montanhof
49 Hanseatenhof
50 Mohlenhof